D1072454

SUPERESTRELLAS DEL FÚTBOL

Ronaldinho Gaúcho

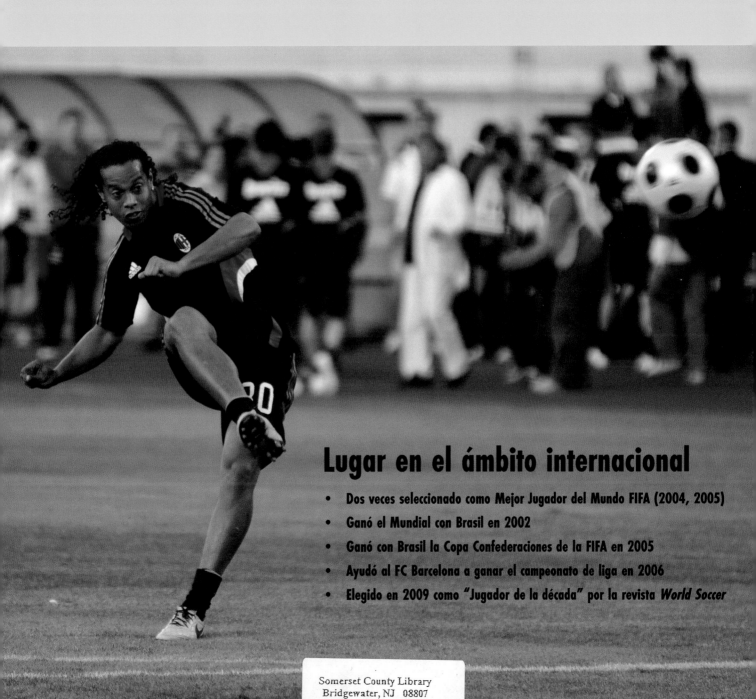

Lugar en el ámbito internacional

- Dos veces seleccionado como Mejor Jugador del Mundo FIFA (2004, 2005)
- Ganó el Mundial con Brasil en 2002
- Ganó con Brasil la Copa Confederaciones de la FIFA en 2005
- Ayudó al FC Barcelona a ganar el campeonato de liga en 2006
- Elegido en 2009 como "Jugador de la década" por la revista *World Soccer*

ISBN-13: 978-1-4222-2604-9 (hc) — 978-1-4222-9147-4 (ebook)

Impresión (último dígito) 9 8 7 6 5 4 3 2 1
Impreso y encuadernado en los Estados Unidos.
CPSIA Información de cumplimiento: lote S2013.
Para más información, comuníquese con Mason Crest a 1-866-627-2665.

Acerca del Autor: Aldo Wandersman es periodista y publicista. Ha participado en el equipo creativo de algunas de las agencias líderes de Brasil. Desde la década de 1980 cubre las más variadas cuestiones relacionadas con temas de actualidad. Cuenta con más de mil artículos publicados en la prensa brasileña. Fue editor de cultura en la revista Fatos y ha colaborado en algunos de los principales periódicos de Brasil, incluyendo O Globo y Jornal do Brasil. Es el autor del libro "Revolución personal en la era digital", publicado por la Editora Scortecci en 2001. Apasionado del fútbol, empezó a asistir al estadio Maracaná en 1965, a los ocho años de edad. Entre las muchas competencias deportivas que ha presenciado, asistió a la última Copa del Mundo en Sudáfrica.

Créditos de las fotos: Agencia Brasil: 2, 26; EFE/Lavandeira Jr.: 16; Matthew Ashton/PA Photos /Landov: 12; Fstockfoto / Shutterstock.com: 22; Maxisport / Shutterstock.com: 6; Muzsy / Shutterstock.com: 1; Celso Pupo / Shutterstock.com: 28; Sportgraphic / Shutterstock.com: 19, 20 (arriba), 25; Laszlo Szirtesi / Shutterstock.com: 4, 27; Wikimedia: 20 (abajo).

CONTENIDO

Ronaldo de Assis Moreira, conocido como "Ronaldinho", fue elegido dos veces por la FIFA como el mejor jugador del mundo.

Capítulo uno

Llega una nueva superestrella

VER A RONALDINHO, LA SUPERESTRELLA BRASILEÑA, jugando en su mejor época, era como ver a alguien que ha hecho un pacto con el balón: la pelota respondía a sus órdenes con total obediencia. Ronaldinho es un mago con el balón y ha sido comparado con los más grandes jugadores de la historia, incluyendo su compatriota Pelé y la estrella argentina Diego Armando Maradona. Con sus magníficas jugadas, es capaz de deleitar y sorprender a todo al que le gusta ver fútbol. En todos los clubes donde prestó su talento, demostró que es posible combinar eficiencia y velocidad con toques sutiles; ligereza y poder con determinación. Elegido dos veces como el mejor jugador del mundo, Ronaldinho convierte las canchas de fútbol en un escenario donde exhibe su incomparable habilidad para jugar el balompié.

Un nuevo genio llega al fútbol de Brasil

El tercer hijo de João y Miguelina de Assis Moreira, llamado Ronaldo de Assis Moreira, nació en Porto Alegre, una ciudad al sur de Brasil, a las 3:20 de la madrugada, el 21 de marzo de 1980. Su padre João era un soldador que reparaba coches en su tiempo libre. Su madre Miguelina era enfermera y vendedora.

La pasión del joven Ronaldo por el fútbol comenzó a temprana edad en su propia casa. Fue su hermano mayor,

Ficha Personal

Nombre: Ronaldo de Assis Moreira

Apodos: Dinho, Gaúcho, Ronny, R10

Lugar de nacimiento: Porto Alegre, Brasil

Nacionalidad: Brasileña

Signo zodiacal: Aries

Altura: 1.81 metros

Twitter: @10Ronaldinho

Posición: Mediocampista

Camiseta en el Flamengo: 10

Récord: Ha anotado más de 260 goles a nivel profesional, así como 33 goles para la selección brasileña.

Roberto Assis, un promisorio futbolista de Porto Alegre, quien lo animaba e inspiraba. Ronaldo pasó la mayor parte de sus primeros cinco años pateando la pelota. Una de las formas favoritas de la familia para entretenerse era poner sillas en línea y hacer pases entre ellas, o pasar la pelota entre sus patas. Los que veían al muchacho seguramente nunca se imaginaron que, en el futuro, Ronaldinho haría lo mismo frente a los mejores defensas del mundo. "Me encanta burlar", diría más tarde el jugador estrella. "Aprendí a hacerlo en casa, cuando jugaba entre los muebles y las sillas, o en el jardín, con mi perro. Ese era mi mayor placer".

Como buen talento precoz, siendo apenas un niño de siete años, Ronaldo se inscribió en la escuela de fútbol infantil del Gremio Football Porto-Alegrense. Desarrolló sus habilidades futbolísticas jugando tanto en interiores como al aire libre.

El niño fascinaba a los seguidores del club con su control de la pelota. Era tan impresionante que su familia tomaba videos de su forma de tocar. Las escenas son impactantes. En algunas, el delgado joven parte de su propio campo y va dejando atrás a todo el equipo contrario, en el suelo, deteniéndose sólo después de haber burlado al portero y clavado el balón en la red. El "juego bonito", como llegaría a ser conocido el estilo de Ronaldinho, estuvo presente en él desde temprana edad. Prueba de ello es que, después de haber sido coronado como uno de los mejores jugadores del mundo, la compañía de artículos deportivos Nike utilizó en uno de sus comerciales algunas de aquellas escenas memorables del niño Ronaldinho jugando fútbol.

Otro jugador de categoría en la familia Moreira

A principios de 1989, cuando Ronaldo iba a cumplir nueve años, todo parecía ir viento en popa. De pronto, una tragedia cambió la vida del jugador para siempre. Su padre João sufrió un ataque cardíaco en la piscina de su casa y murió. La prematura muerte dejó desconcertados a Miguelina de Assis Moreira y sus tres hijos. Con la pérdida del padre, el pequeño Ronaldo comenzó a apegarse aún más a Roberto, su hermano mayor, para recibir orientación. "Fue una gran pérdida", diría más tarde Ronaldinho sobre la muerte de su padre. "Yo lo amaba. Siempre estaba a mi lado. Pero cuando murió, la familia se unió más que nunca".

Más que un hermano, Roberto de Assis Moreira (conocido en Brasil como Assis) era su ídolo. Era un gran futbolista del

El detalle

El interés de "Dinho" por el fútbol de salón y el fútbol playero le ayudaría a desarrollar sus grandes habilidades con el balón.

equipo juvenil Gremio, y formó parte de la selección que ganó la Copa de Brasil en 1989. Gremio recibió incluso una oferta para transferir los servicios de Assis al club italiano Torino, pero no llegó a concretarse. Assis finalmente pudo jugar en Europa, aunque no se quedó ahí. Sufrió varias lesiones, incluyendo una muy grave en la rodilla que al final terminó con su carrera. Sin embargo, fue una de las estrellas más grandes de la historia de las categorías inferiores del Gremio.

Sin embargo, en la época en que Assis recibía toda la atención internacional por su manera de jugar, cada vez que era

Ronaldo de Assis Moreira creció en una familia que amaba el fútbol. Su padre, João da Silva Moreira, jugó para el Cruzeiro Sports Club, un club amateur. Su hermano mayor, Roberto de Assis Moreira, fue un prometedor futbolista. Sin embargo, cuando lo entrevistaban, Assis decía que el mejor jugador de la familia era su hermano menor, Ronaldo.

entrevistado, aprovechaba la oportunidad para decirle a la prensa que el mejor jugador de la familia Moreira apenas venía en camino; que el mundo un día se sorprendería del talento de su hermano menor. Eran las mismas palabras que decían quienes estaban enterados. A pesar de que no alcanzó el éxito que muchos esperaban de él, toda la experiencia que Assis logró acumular como jugador sería de gran utilidad cuando, años más tarde, se convirtiera en el agente de su hermano menor, gestionando la carrera de uno de los mayores talentos que el mundo del fútbol vería.

Ronaldo fue tras los pasos de su hermano mayor en las categorías inferiores de Gremio, donde ganó varios títulos. Cuando pasó del futsal (fútbol de salón) al aire libre, Ronaldo pudo apreciar el mayor espacio disponible para mover la pelota.

En Brasil, desde que el gran Pelé surgiera en el Santos como un joven quinceañero, el país ha esperado constantemente el próximo nuevo genio del balompié. Por eso, cuando un jugador del calibre de Ronaldo llega a un club de primera división de Brasil, la noticia se propaga rápidamente y todos se sienten naturalmente atraídos hacia la joven promesa, con la esperanza de que se consolide como el sucesor del mejor jugador de todos los tiempos.

Con Ronaldo no fue distinto, ya que su enorme potencial muy pronto despertó el interés de la mayor parte de los medios de comunicación. Su nombre apareció por primera vez en la prensa local en Porto Alegre, cuando sólo tenía 13 años y anotó 23 goles para su equipo contra un club local. Muchos observadores pensaron que el joven podría un día convertirse en una de las mayores estrellas del fútbol brasileño. Pero sólo el tiempo, los goles y los títulos habrían de confirmar esa promesa.

Capítulo dos

El *crack* se gana un apodo: Gaúcho

TODOS LOS QUE VEÍAN JUGAR al adolescente Ronaldo de Assis Moreira sabían que algún día vestiría la camiseta verde amarilla de la selección brasileña. Lo cual no tardó mucho en suceder. En 1997 fue seleccionado por el técnico Carlos César Ramos para competir en la Copa del Mundo sub-17, en Egipto. Su juego total llevó al equipo brasileño a conquistar el campeonato. Anotó dos goles y fue seleccionado como el tercer mejor jugador del torneo.

Después de eso, la atención de los medios comenzó a posarse en él y el nombre de Ronaldo empezó a barajearse en los clubes de fútbol europeos. A finales de 1997 el club holandés PSV Eindhoven ofreció la exorbitante cifra de siete millones de dólares por él. El club había hecho fama adquiriendo jóvenes estrellas brasileñas, como había sucedido en el pasado con Romario y Ronaldo Luís Nazário de Lima. Sin embargo, la propuesta del Eindhoven fue rechazada inmediatamente. Para Gremio era demasiado pronto para renunciar al jugador más prometedor que había surgido de sus categorías inferiores. Sin embargo, la pregunta que muchos se hacían era, ¿cuánto tiempo podría Gremio conservar a su nuevo *crack*?

Después de volver de la Copa del Mundo sub-17 a su club, el joven "Dinho" —como le decían cariñosamente sus compañeros de equipo—tendría muy pronto la oportunidad de unirse al equipo de primera división de Gremio. Habiendo ganado la Copa de Brasil en 1997, Gremio se había asegurado un lugar en la Copa Libertadores 1998, la competencia futbolística más importante de América del Sur. Además de ascender a Ronaldo al equipo mayor en 1998, el entrenador Celso Roth lo incluyó entre los atletas que buscarían llevar al club a la conquista sin precedentes del título de campeón de América.

La primera división

Aunque no se esperaba que fuera un jugador clave en el equipo mayor, Ronaldo se pudo colar a la alineación durante toda la competencia. Su debut fue contra el equipo mexicano Chivas de Guadalajara, ocasión en la que anotó el gol que abrió el camino a la victoria de Gremio por 2-0. Gremio llegaría a los cuartos de final antes de que fuera eliminado por el Vasco da Gama, el equipo que finalmente ganó, en 1998, el título de la Copa Libertadores.

Este torneo continental, altamente competitivo, fue una especie de prueba para Ronaldo. Ya fuera que arrancara desde el inicio del partido, o que entrara como reemplazo, el joven estaba constantemente a prueba. Al final del torneo estaba claro que Ronaldo pertenecía al equipo mayor. Y además para arrancar el partido, no en la banca.

El testimonio de Rafael Scheidt, uno de sus compañeros de equipo en esa época, refleja la carrera del jugador en ese momento. "Vi a Ronaldinho crecer y

convertirse en un profesional en Gremio", recuerda Scheidt. "Yo estuve allí en 1998 y todos en el club decían que algún día se iba a convertir en un crack (un término que se usa para designar un futbolista de la más alta categoría). Incluso se le dio un trato diferente. Siempre mostró habilidad con el balón, sólo le faltaba experiencia".

Nace el "Gaúcho"

En 1999, Gremio disputó el campeonato de clubes de fútbol brasileños en el sureño estado de Rio Grande do Sul, el Campeonato Gaúcho. En esta competencia que se lleva a cabo entre los mejores equipos profesionales de Brasil, lo que más contaba para los fanáticos de Gremio era derrotar a su histórico rival de Porto Alegre, el Sport Club Internacional.

El Campeonato Gaúcho 1999 resultó ser el escenario perfecto para el surgimiento del joven Ronaldo de Assis Moreira. Demostró que había crecido y que se había convertido en un jugador más maduro y centrado. Ronaldinho anotó quince goles en el torneo, algunos de ellos

El detalle

En la final de la Copa Regional del Sur, Ronaldinho anotó el gol del triunfo contra los archirrivales del Internacional. Jugó con valentía contra Dunga, una de las más grandes estrellas brasileñas y capitán de la selección nacional.

bellamente logrados. Su gol más importante se produjo en la final del Campeonato Gaúcho en contra del Internacional, que en ese tiempo estaba dirigido por Dunga, el capitán de la selección de Brasil que conquistó la Copa del Mundo en 1994. El gol de Ronaldo permitió que Gremio ganara el campeonato. A la mañana siguiente, los titulares en Porto Alegre proclamaban la noticia de que Gremio había surgido como vencedor, y se extendieron en el análisis del admirable desempeño de la naciente estrella que usaba la camiseta número 10.

Más adelante, en ese mismo 1999, Ronaldo ayudaría a Gremio a ganar la Copa Sul-Minas, una competencia entre los equipos profesionales de los estados brasileños de Minas y Sul. En la final, Gremio derrotó al Club Paraná. Los seguidores de Gremio tenían nuevo ídolo. El estadio olímpico de Gremio era una fiesta interminable.

Las buenas actuaciones de Ronaldo en su club le valieron que Vanderlei Luxemburgo, el entrenador de la selección brasileña, se acordara de él cuando llegó el momento de formar la selección que jugaría la Copa América ese año. El joven jugador fue recibido calurosamente por las grandes estrellas de la selección brasileña, entre ellos Ronaldo Luis Nazario de Lima, quien para entonces había sido nombrado dos veces por la FIFA como el mejor jugador del año. (Ronaldo Nazario ganaría el reconocimiento por tercera vez en 2002.)

Para diferenciar a los dos jugadores, al recién llegado le pusieron Ronaldinho Gaúcho. Ronaldinho quiere decir "Ronaldito", en tanto que Gaúcho se refiere al estado del sur de donde era originario.

Ronaldinho Gaúcho hizo su debut con la camiseta verde amarilla de Brasil el 26 de junio de 1999. A pesar de que no anotó, jugó muy bien el partido amistoso contra Letonia, que Brasil ganó 3-0. Ronaldinho tenía la esperanza de que su sólida actuación sería suficiente para ganarse un lugar en la selección nacional de Brasil que buscaría ganar la Copa América 1999.

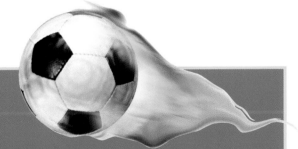

Cuando un periódico de Inglaterra comparó a Ronaldinho con el jugador más grande de todos los tiempos, el joven trató de ser modesto. Dijo: "Mi sueño es seguir la trayectoria de los grandes futbolistas del pasado como Pelé, Maradona y Beckenbauer, ganar el mayor número de títulos y ser recordado como uno de los jugadores que hicieron grandes cosas en el fútbol."

Ronaldinho tal como se veía en uno de sus primeros juegos con la selección nacional de Brasil en 1999. En ese año ayudó a su país a ganar la prestigiosa Copa América.

Capítulo tres

Un gol mágico en la Copa América

AUNQUE TUVO UN BUEN COMIENZO con la selección brasileña, el lugar de Ronaldinho estaba lejos de estar asegurado en aquella Copa América. Justo antes del inicio de la copa a realizarse en Paraguay, el nombre Ronaldinho no aparecía en la lista de jugadores convocados por el técnico Vanderlei Luxemburgo.

El destino, sin embargo, intervino para ayudarlo a ganar la gloria con el equipo nacional. Durante el partido final del Campeonato de São Paulo, efectuado entre los equipos profesionales Corinthians y Palmeiras de Brasil, el delantero de Corinthians, Edilson Ferreira da Silva, tomó el balón en el centro del campo y comenzó a hacer malabarismos frente a un defensa del Palmeiras. La actitud de Edilson fue considerada como políticamente incorrecta, como un intento de humillar a su oponente, lo cual terminó costándole el lugar entre los convocados por Luxemburgo. En su lugar, el entrenador decidió llamar a Ronaldinho, que de esta forma consiguió su primera oportunidad de jugar para Brasil en un torneo oficial.

El equipo nacional estaba lleno de

jugadores talentosos. Los líderes eran el gran Ronaldo y el delantero Rivaldo Vitor Borba Ferreira. Ambos terminarían entre los máximos goleadores de la Copa América 1999, con cinco goles cada uno. Otras grandes estrellas eran Roberto Carlos, Marcos Evangelista de Moraes ("Cafú"), y el portero Nelson de Jesús Silva ("Dida").

El hecho de jugar en un equipo con tantas estrellas hizo que Ronaldinho se esforzara en mejorar su nivel de juego y ponerse al nivel de sus compañeros de equipo. No decepcionó. En el primer partido de la Copa América, contra Venezuela, anotó uno de los goles más emblemáticos de su carrera. Recibió el balón en el lado derecho del ataque brasileño, cerca de la portería. Con el talón, Ronaldinho elevó el balón sobre la cabeza del defensa, le dio la vuelta corriendo y colocó el balón por encima del portero, con sutileza, haciendo un gol fantástico. "Cada gol tiene una emoción diferente," diría más tarde. "Después de ese gol contra Venezuela, toda la emoción brotaba en mí." Su increíble jugada fue vista muchas veces en los televisores de todo el mundo, y una vez más llamó la atención de los directivos de los grandes clubes europeos.

Brasil ganaría aquella Copa América, derrotando a Uruguay en la final. Igual que con la selección sub-17, Ronaldinho había ganado un título internacional en su primera oportunidad con la selección mayor de Brasil.

Después de ganar la Copa América—dado que Ronaldo, Rivaldo y la mayoría de los otros grandes de Brasil jugaban en Europa—Ronaldinho, a sus 20 años de edad era considerado como el mejor jugador de Brasil en ese momento. Para los fans de Gremio, era el jugador favorito. Muchos decían que era el mejor jugador del club desde que el centrocampista Renato Gaúcho jugara con ellos a mediados de la década de 1980.

Ronaldinho tenía apenas 19 años cuando, en la Copa América 1999, exhibió un extraordinario toque de magia, haciendo un sombrerito sobre el defensa venezolano, superándolo y pateando el balón por encima del portero. Muchos lo consideran el gol más bonito de su carrera. A partir de ese momento, el mundo supo que había encontrado un nuevo genio del fútbol, y Brasil celebró el nacimiento de la nueva estrella.

El fin del sueño olímpico

Después de la Copa América 1999, el equipo de Vanderlei Luxemburgo fue a México a jugar la Copa Confederaciones. El equipo brasileño estaba entre los favoritos para ganar la competencia. Brasil llegó a la final pero perdió 4-3 ante México. En este torneo, Ronaldinho demostró que era un miembro clave de la selección nacional. Fue elegido como el mejor jugador de la copa. Sus seis anotaciones lo dejaron empatado en el liderato de goleo, junto con el delantero mexicano Cuauhtémoc Blanco y el saudí Marzouk Al-Otaibi.

El año 2000 encontró a un Ronaldinho en pleno ascenso, tanto en Gremio como con la selección brasileña. Ya era un jugador más maduro y profesional. Fue llamado para jugar con Brasil en los Juegos Olímpicos de Sydney, Australia. El equipo y sus seguidores tenían la esperanza de que Brasil finalmente ganara la medalla de oro olímpica, el único título importante que ha eludido a Brasil hasta este momento.

Como era de esperarse, la selección brasileña tuvo una excelente campaña. Quedó en el primer lugar de su grupo y llegó a los octavos de final, donde su primer partido fue contra Camerún. El equipo africano estaba ganando 1-0 hasta el minuto final del partido, cuando Ronaldinho anotó de tiro libre.

Con el empate en tiempo regular, el partido se fue a tiempos extras. Con dos hombres fuera del terreno de juego, el

El detalle

En marzo de 2004 Pelé incluyó a Ronaldinho en su lista de los 125 mejores futbolistas de todos los tiempos.

equipo camerunés logró anotar el "gol de oro" y obtuvo una victoria de 2-1. Camerún terminaría ganando la medalla de oro. Ronaldinho diría más tarde que la derrota olímpica en Sydney había sido la mayor decepción de su carrera.

A finales de 2000, con tal visibilidad, era natural que Gremio recibiera lucrativas propuestas por parte de clubes europeos que tenían la esperanza de poder llevarse la magia de Ronaldinho. Una de las ofertas vino de Inglaterra; los directores de Leeds United ofrecieron la astronómica cifra de 80 millones de dólares por el campeón del Gremio. Sin embargo, como en el pasado, Gremio rechazó la propuesta.

La demanda por Ronaldinho era tan grande que José Alberto Guerrero, presidente del club en ese momento, puso una enorme pancarta frente al estadio de Gremio. La manta declaraba que Ronaldinho no estaba en venta.

Ronaldinho festeja la victoria brasileña de 2-0 sobre Alemania en la final de la Copa del Mundo 2002 en Yokohama, Japón. Fue la quinta ocasión que Brasil ganó el Mundial.

Capítulo cuatro

Rumbo a Europa y el Mundial

LOS EJECUTIVOS DE GREMIO HICIERON TODO lo posible para mantener a su joven campeón en el club. Habiendo emergido como una gran estrella, la presencia de Ronaldinho en Gremio ayudaba a aumentar los ingresos por venta de camisetas y souvenirs, así como por la venta de entradas para verlo jugar en el estadio, además de que cada día aumentaba su valor de transferencia. Se especulaba que, llegado el momento de que Ronaldinho fuera a Europa, probablemente se trataría de la mayor transacción en la historia del fútbol.

El contrato de Ronaldinho con Gremio estaba por finalizar en febrero de 2001. La familia de Ronaldinho—específicamente Assis, su hermano mayor y manager—decidió que había llegado el momento de considerar seriamente su pase a Europa. Ronaldinho intentó firmar un precontrato con el club francés Paris Saint-Germain FC. Sin embargo, el Gremio no iba a recibir una compensación por la transferencia, por lo que comenzó una batalla legal para quedarse con el jugador. La larga batalla legal entre los clubes franceses y brasileños afectó sobre todo a Ronaldinho. La FIFA le impidió jugar para cualquiera de los equipos hasta que el pleito se resolviera.

La disputa se extendió hasta agosto

de 2001, cuando la FIFA decidió que Ronaldinho fuera transferido oficialmente al Paris Saint-Germain. El club francés pagaría una enorme multa de 5 millones de euros por la transferencia. Ronaldinho dejó el Gremio después de jugar 141 partidos y haber anotado 68 goles. Su partida fue una decepción aplastante para los aficionados del club brasileño.

La batalla legal entre el Gremio y Paris Saint-Germain también terminó perjudicando la carrera de Ronaldinho en el equipo nacional. Durante 2001 el jugador sólo pudo participar en tres partidos con Brasil; partidos amistosos contra Estados Unidos y México, y un juego de clasificación para el Mundial 2002 de la FIFA, en el que Ecuador derrotó a Brasil. Sus escasas actuaciones también lo sacaron de la carrera por formar parte de la selección para la Copa Confederaciones de ese año. Seguramente habría ayudado al

equipo, que era dirigido por el entrenador Emerson Leao. Brasil apenas consiguió el cuarto lugar en el torneo de la Copa Confederaciones, en donde el equipo nacional francés resultó triunfador.

París siempre es una fiesta

Cuando llegó al París Saint-Germain, Ronaldinho fue recibido con mucho entusiasmo por unos 20 mil aficionados en el Stade de France. El debut tuvo lugar el 4 de agosto 2001, en un partido contra el Auxerre, que terminó en un empate de 1-1.

A pesar de la entusiasta bienvenida, Ronaldinho no anotó gol para el equipo sino hasta el décimo juego. "Ronny", como le llamaban los aficionados franceses, marcó el gol del empate para el PSG en un juego contra Lyon, que quedó 2-2.

Ronaldinho pronto se convirtió en el favorito de los parisinos, con sus meteóricas carreras al lado izquierdo del campo y su desconcertante manejo del balón. En la segunda mitad de la

El brasileño Rai, una de las celebridades más grandes en la historia del PSG, piensa que la imagen que presentó el entrenador Fernández sobre la mala conducta de Ronaldinho perjudicó su estancia en el fútbol francés. "La gente del PSG pensaba que a Ronaldinho no le gustaba entrenar, que no era muy profesional. Hoy me doy cuenta de que es más maduro. Si estos problemas hubieran ocurrido en el Barcelona, por ejemplo, para él sería más difícil superarlos. Pero sin duda, su paso por París Saint-Germain fue un gran trampolín para poder ascender a un club de primer nivel en Europa".

Durante su carrera, Ronaldinho ha anotado más de 30 goles para Brasil.

Ronaldinho Gaúcho

Los compañeros de equipo de Ronaldinho en la Copa del Mundo 2002 incluían a las superestrellas Ronaldo y Rivaldo.

temporada 2001-02, su poderoso juego ayudó al PSG a alcanzar las semifinales de la copa de la liga ese año.

Sin embargo, sus tiempos con el Paris Saint-Germain no fueron siempre armoniosos. El jugador parecía tener constantes desacuerdos con el entrenador Luis Fernández. El técnico a menudo se quejaba de que Ronaldinho pasaba mucho tiempo disfrutando la vida nocturna de París. A menudo dejaba al jugador en la banca, en lugar de permitirle jugar desde el inicio del partido.

La conquista de la Copa del Mundo

A finales de 2001, Ronaldinho disfrutaba su éxito inicial en el fútbol francés y esperaba ser convocado a la selección brasileña para el Mundial del próximo año. El equipo tenía un nuevo director técnico, Luis Felipe Scolari, y competía en las eliminatorias suramericanas para conseguir un boleto al torneo más prestigioso de fútbol, que se lleva a cabo cada cuatro años. Ronaldinho fue llamado a la selección nacional para jugar un partido el 14 de noviembre de 2001. Ese día, Brasil derrotó a Venezuela 3-0 y ganó su pase a la Copa del Mundo.

El Mundial 2002 fue el primero en el que dos países, Japón y Corea, organizaron el evento en conjunto. Brasil llegó a la competencia con un ataque formidable, encabezado por las tres "R": Ronaldo, Rivaldo y Ronaldinho. Dominaron durante la fase de grupos, ganando los tres partidos. Ronaldinho anotó un gol de penal en la victoria sobre China. Ronaldo y Rivaldo marcaron tres goles cada uno para impulsar a Brasil hacia los octavos de final.

Brasil derrotó a Bélgica en octavos, y luego se enfrentó a Inglaterra en cuartos de final. El equipo británico primero tomó la ventaja, pero Brasil empató 1-1 cuando Ronaldinho realizó un soberbio pase a Rivaldo, quien lo convirtió en anotación. Minutos más tarde vendría el turno de Ronaldinho.

Al empezar el segundo tiempo, Brasil tuvo un tiro libre desde la derecha, a una distancia considerable de la portería de Inglaterra. Los brasileños se colocaron en el lado derecho de la meta para efectuar el ataque cuando Ronaldinho enviara la pelota al área inglesa. Listo para patear, Ronaldinho caminó hacia el balón y dio un sutil toque con suficiente velocidad y altura. La pelota cruzó toda la longitud de la zona, más allá del portero inglés David Seaman, y fue a parar al fondo de la red. Ronaldinho celebró como un niño, saltando y abrazando con entusiasmo a sus compañeros de equipo.

Algunos se preguntaron si Ronaldinho realmente tenía la intención de enviar el balón directamente a la portería de los ingleses o si su plan era pasar el balón sobre el área hacia los atacantes. Después del

El detalle

El guardametas inglés David Seaman pasaría más tarde al libro Guinness de Récords como el portero que ha atrapado el balón en el punto más alto.

partido, explicó por qué había atacado directamente al portero. "Cafú ya me había avisado que el portero estaba muy lejos del arco", dijo. "Metí el gol y fui feliz".

Aquel gol sería el del triunfo, pues Brasil derrotó a Inglaterra con un marcador de 2-1. Sin embargo, siete minutos después de marcar su gran gol, Ronaldinho recibió una tarjeta roja. Brasil tuvo que terminar el juego con sólo diez hombres en el campo y a Ronaldinho no se le permitió jugar en la semifinal contra Turquía, que Brasil ganó.

Ronaldinho estuvo de vuelta en la final del Mundial contra Alemania. Brasil ganó gracias a dos goles de Ronaldo, que fue nombrado el mejor jugador del torneo. Pero el fútbol total de Ronaldinho había allanado el camino para la histórica quinta conquista brasileña de la Copa del Mundo. El jugador se despidió de Asia con una nueva legión de devotos seguidores en todo el mundo.

Los jugadores brasileños festejan uno de los dos goles de Ronaldinho contra Nueva Zelanda en los juegos olímpicos de Pekín, China, en 2008. Brasil ganaría la medalla de bronce.

Capítulo cinco

Con el mundo a sus pies

DESPUÉS DE LA VICTORIA DE BRASIL EN EL MUNDIAL 2002, el mundo del fútbol volcó su atención hacia el talento de Ronaldinho. Aunque Ronaldo, su compañero de selección, era el nombre más grande en la Copa del Mundo, los expertos reconocían que Ronaldinho, de tan sólo 22 años, aún no había alcanzado su pleno potencial como jugador. Para la temporada 2002-03 volvió al París Saint-Germain, pero sus constantes roces con el entrenador Luis Fernández dejaron en claro que la joven estrella no iba a quedarse ahí.

Durante la temporada 2002-03 Ronaldinho jugaba un fútbol de muy alto nivel con el PSG, pero sus esfuerzos no eran suficientes para lograr títulos para el equipo. Algunos de los aficionados del PSG comenzaron a quejarse; acusaban a Ronaldinho de tener brillantes actuaciones contra los mejores equipos de Europa, pero de jugar mal contra equipos menores.

El último partido de Ronaldinho para el Paris Saint-Germain fue ante el Auxerre, en la final de la copa francesa, en mayo de 2003. Desafortunadamente, el brasileño se tuvo que despedir con una derrota de 2-1. En conjunto, en dos temporadas con los franceses, Ronaldinho jugó 73 partidos y marcó 21 goles.

Todos se preguntaban dónde aterrizaría ahora el jugador más codiciado del mundo. Tres de las principales potencias del fútbol europeo surgieron como los principales contendientes: el Manchester United de Inglaterra y los rivales Real Madrid y FC Barcelona, de España.

Ronaldinho y su familia prefirieron España, tanto por el clima como por la oportunidad de jugar en uno de los más importantes escaparates del mundo futbolístico, al lado de grandes jugadores.

Al principio el Real Madrid parecía ser el destino favorito de Ronaldinho, pero el entonces presidente del club, Florentino Pérez, cometió un error de juicio. Se priorizó el fichaje de David Beckham, el capitán del equipo nacional de Inglaterra, tal vez pensando que el acuerdo ayudaría a la comercialización del Real Madrid. Entonces el FC Barcelona entró en escena y ofreció 28 millones de euros para asegurar a Ronaldinho, y éste aceptó la oferta.

Al firmar con el FC Barcelona, Ronaldinho estaba siguiendo los pasos de muchos otros grandes jugadores brasileños que habían tenido una exitosa carrera en el club, incluyendo a Romario, Ronaldo y Rivaldo. Al poco tiempo, Barcelona llevó a cabo un partido amistoso con el AC Milan para presentar a su nuevo jugador estrella. En su debut con el Barça, Ronaldinho ayudó a su equipo al anotar un gol en la victoria de 2-0.

Comienza la era R10

Ronaldinho llegó al FC Barcelona con una misión: poner fin a un largo período sin haber conquistado el campeonato español. Sin embargo, para desesperación de los

aficionados del Barcelona, en su primera temporada sufrió una grave lesión que lo obligó a estar fuera durante la mayor parte de la liga. Cuando regresó al equipo en 2004, Ronaldinho deleitó al público con jugadas de efecto asombroso y hermosos pases. En la segunda mitad de la temporada 2003-04 Barcelona tuvo una gran racha de 17 partidos sin perder. El club terminó la temporada en segundo lugar; el Valencia mantuvo el título de la liga española. A finales de 2004 Ronaldinho fue reconocido por vez primera como el Mejor Jugador del Año por parte de la FIFA.

Para la temporada 2004-05 el FC Barcelona formó un equipo impresionante. Al lado de Ronaldinho (apodado "R10" por los seguidores) pusieron a Xavi Hernández en el centro y a Samuel Eto'o como delantero. Barcelona era imparable. El club ganó con facilidad el título de la liga española en 2004-05. La victoria resultó aún más dulce para los aficionados, porque el archirrival Real Madrid terminó en segundo lugar.

La mayoría de la gente considera a Ronaldinho como el principal motor en la reactivación del FC Barcelona. Se disparó la venta de camisetas R10 y el club catalán pronto alcanzó la marca de 125 mil "socis", o miembros del club que pueden votar en los asuntos del equipo. El número de socis seguiría aumentando durante la estancia de Ronaldinho.

Fue sin embargo decepcionante cuando el poderoso Barça terminó siendo eliminado del torneo UEFA Champions

Ronaldinho llevó al Barça al título de la liga española en la temporada 2004-05, y fue nombrado por la FIFA como el mejor jugador del mundo en diciembre de 2004. En 2005 se haría nuevamente merecedor de ese título.

League 2005 por el Chelsea.

En la cima de sus habilidades, Ronaldinho siguió jugando con la selección brasileña. En 2005 fue uno de los principales arquitectos, junto con Adriano, de la conquista de la Copa Confederaciones en Alemania. En la final, Ronaldinho marcó un gol para Brasil, quien derrotó a Argentina, su histórico rival suramericano, por 4-1. A finales de 2005 Ronaldinho fue una vez más seleccionado como el Jugador del Año por parte de la FIFA.

En cuestiones personales, en 2005 recibió la noticia de que había procreado un hijo con su novia, Janaina Nattielli. Aceptó la paternidad del niño, de nombre João, y comentó que le gustaría mucho que su hijo siguiera sus pasos en el fútbol.

Ganando campeonatos

Con sus espectaculares actuaciones e impresionantes jugadas, Ronaldinho fue considerado la figura central de un nuevo estilo de jugar fútbol, conocido mundialmente como "Joga Bonito" (una frase en portugués que significa "juega bonito"). A través de videos en los medios de comunicación, en todo el mundo se veían sus poderosos disparos y deslumbrante control del balón. En 2005-06 el FC Barcelona ganó el campeonato de la liga española y la Supercopa Española de

El presidente de Brasil Luiz Inácio Lula da Silva saluda a Ronaldinho.

manera espectacular. En la emocionante final, con localidades agotadas en el Estadio Santiago Bernabeu, sede del Real Madrid, Ronaldinho hizo dos grandes goles para dar al Barça una victoria de 3-1. Al salir del terreno de juego, la multitud lo ovacionaba de pie.

Aún vendría el mayor logro para el FC Barcelona, al ganar la Champions League de la UEFA en 2006. Hasta entonces, el FC Barcelona había ganado la copa una sola vez en su historia. En la final, que se jugó en París contra el Arsenal de Inglaterra, el Barcelona ganó 2-1.

Decepción internacional

Habiendo sido elegido dos veces como el mejor jugador del mundo y habiendo llevado al Barcelona a la primera posición del fútbol europeo, la mayoría de los seguidores de Ronaldinho esperaban que el joven brasileño dominaría en la Copa del Mundo 2006 en Alemania. Brasil, que estaba catalogado en el primer sitio del mundo al comenzar el torneo, contaba con su "cuarteto mágico" formado por Ronaldinho, Adriano, Ronaldo y Kaká. Sin embargo, el equipo brasileño quedó muy lejos de las expectativas. Aunque la selección carioca llegó a los octavos de final, en cuartos de final fue derrotada por Francia. Los aficionados y los medios de comunicación culparon a los dos Ronaldos por no trabajar bien en equipo. Los partidarios de Ronaldinho, sin embargo, prefirieron culpar al entrenador brasileño, Carlos Alberto Parreira, por el mal desempeño de R10.

Pero Ronaldinho tuvo la oportunidad de redimirse en 2008, cuando fue el jugador de más edad entre los convocados por el nuevo entrenador brasileño, Dunga, para conducir a su equipo en los Juegos Olímpicos de China. Brasil no permitió un solo gol en la fase de grupos y eliminó a Camerún en los cuartos de final. Sin embargo, en la semifinal perdió 3-0 ante Argentina. El equipo albiceleste, dirigido por el argentino Lionel Messi, ganó el oro, en tanto que Brasil tuvo que conformarse con la medalla de bronce. Una vez más, habría de posponerse el sueño olímpico de Brasil.

Un corazón rojo y negro

En julio de 2008, después de hacer historia en el FC Barcelona, Ronaldinho fue

Ronaldinho busca el gol en un partido con el AC Milan.

Ronaldinho en acción durante un partido del Campeonato Brasileiro entre el Vasco da Gama y el Flamengo, en diciembre de 2011. Ronaldinho terminó como cuarto anotador con 14 goles.

transferido al equipo italiano AC Milan, tras rechazar una oferta de 25 millones de euros del Manchester United. Ronaldinho quería jugar en Italia con Kaká y otras estrellas del Milan, y optó por jugar con la camiseta número 80, haciendo referencia a su año de nacimiento. Ronaldinho firmó un contrato de cinco años. Sin embargo, terminó jugando sólo tres temporadas en el AC Milan. Durante ese tiempo ganó un solo título, el campeonato de Serie A de la temporada 2010-11. En general, su paso por Milán fue decepcionante, aunque tuvo algunas memorables actuaciones. Con el Milan anotó 29 goles en 116 partidos.

En diciembre de 2009, la publicación británica World Soccer lo nombró como "el jugador de la década". Quedó arriba de Messi y de su compatriota Ronaldo.

Ronaldinho fue también convocado por el técnico Dunga para participar en algunos partidos clasificatorios para la Copa del Mundo 2010. El jugador esperaba que se le invitara a unirse a la selección, pero se decepcionó al ver que su nombre no aparecía en la lista final.

En movimiento

Ronaldinho estaba cada vez menos feliz en Milán porque siempre estaba en la banca, y a finales de 2010 expresó su deseo de volver a jugar en Brasil. Esperaba que este cambio lo pusiera en una mejor posición para llevar la camiseta de la selección nacional en la Copa del Mundo que su país organizará en 2014.

Mucha gente pensó que volvería a Gremio, donde había comenzado su carrera. Sin embargo, tras muchas negociaciones, decidió portar la camiseta roja y negra de Flamengo, de Río de Janeiro.

El 12 de enero de 2011, más de 20 mil aficionados ofrecieron una impresionante bienvenida a Ronaldinho, que se integraba al Flamengo. "Me imagino a esta multitud en un estadio lleno", dijo el jugador. "Pueden esperar lo mejor de mí. Volví a Brasil y vengo a jugar al Flamengo para dar lo mejor."

En su primera temporada con el Flamengo, Ronaldinho levantó el trofeo como campeón de la liga profesional en el estadio de Río de Janeiro. En la liga, el jugador brasileño demostró que aún poseía una enorme habilidad y que podía hacer jugadas inolvidables, como en aquel partido en que anotó tres goles en la victoria de 5-4 sobre el Santos y su joven estrella, Neymar. En los medios de comunicación, muchos calificaron este encuentro como el "juego de la década" del fútbol brasileño. Además ayudó al Flamengo a ganar un puesto en la Copa Libertadores 2012. Sin embargo, en mayo de 2012 Ronaldinho abandonó el club inesperadamente. En seguida firmó un contrato de seis meses con el Atlético Mineiro.

Ronaldinho ha comentado que su intención es realizar otras dos temporadas al más alto nivel, y seguir jugando en la selección brasileña cuando lo llamen. Tiene muchos deseos de estar entre los 22 jugadores que reciban la misión de hacer ganar a Brasil su sexta Copa del Mundo ante los hinchas nacionales en 2014.

Ronaldinho fue ignorado durante la era Dunga, pero desde que el entrenador Mano Menezes se hizo cargo de la selección brasileña, el jugador ha sido varias veces convocado. Jugó contra Argentina, México y Ghana en 2011. El jugador ha dicho que su mayor sueño sería participar en la Copa del Mundo 2014, que se celebrará en Brasil. Los equipos profesionales que lo ocupan, como Flamengo y Atlético Mineiro, serían los más beneficiados, ya que su rendimiento decidirá si es llamado a la selección nacional para el Mundial.

CRONOLOGÍA

1980: Nace Ronaldo de Assis Moreira en Porto Alegre, el 21 de marzo.

1987: Se une a la escuela de fútbol juvenil en el club Gremio Football.

1997: Se convierte en campeón del mundo con la selección sub-17 de Brasil.

1999: Campeón de la Copa América con Brasil y máximo goleador de la Copa Confederaciones.

2001: Se traslada al Paris Saint-Germain.

2002: Ayuda en el triunfo de Brasil en el Mundial de Corea-Japón de la FIFA.

2003: Transferido al FC Barcelona.

2004: Elegido como el mejor jugador del mundo por la FIFA.

2005: Contribuye al triunfo del FC Barcelona en el campeonato español, y con Brasil en la conquista de la Copa Confederaciones. Nace su hijo João el 25 de febrero. Elegido por la FIFA como el mejor jugador del mundo por segunda ocasión.

2006: El club FC Barcelona gana la Champions League.

2008: Transferencia al AC Milan.

2009: Elegido como "el jugador de la década" por la revista World Soccer.

2011: Se traslada al Flamengo y ayuda al equipo a ganar varios títulos en Brasil.

2012: Termina su contrato con el Flamengo en junio y firma un contrato de seis meses con el Atlético Mineiro.

REFERENCIAS

Lectura adicional

Caioli, Luca. *The Smile of Football*. São Paulo: Editora Mundo, 2006.

Bueno, Eduardo. *Football: The Passion of Brazil*. New York: Leya, 2011.

Páginas de internet

http://www.ronaldinho10.com

Página oficial de Ronaldinho Gaucho. El sitio incluye información sobre su vida y su carrera, calendario de eventos, fotos y videos de momentos destacados.

http://www.fcbarcelona.es

El sitio oficial del club Barcelona FC. Aquí se puede encontrar información sobre el club y sus distintos equipos en varios deportes.

http://www.fifa.com

Sitio oficial de la Federación Internacional de Fútbol (FIFA), órgano rector del fútbol internacional.

http://www.conmebol.com

Sitio oficial de la Confederación Sudamericana de Fútbol (CONMEBOL), la confederación continental de la FIFA que regula el fútbol en América del Sur.

ÍNDICE ANALÍTICO